MINDFULNESS PARA PRINCIPIANTES

Vive feliz, alivia el estrés y vuelve a un estado de paz y armonía interior

MARIA PALAZZI

MP Publishing House

ÍNDICE

Introducción	v
Un poquito sobre mi	1
Algo a tener en cuenta	3
1. Capitulo 1 *¿Qué es realmente el Mindfulness y qué significa?*	5
2. Capitulo 2 *Fortalece tu sistema inmune*	10
3. Capitulo 3 *Alcanzar la estabilidad emocional*	14
4. Capitulo 4 *Ayúdate en momentos de ira*	18
5. Capitulo 5 *Fortalece las relaciones personales*	22
6. Capitulo 6 *Adquiere autoconciencia y comprensión*	26
7. Capitulo 7 *Aumenta la concentración general*	30
8. Capitulo 8 *Alcanza tus objetivos de pérdida de peso*	34
9. Capitulo 9 *Ayuda a tu sueño y anhelos*	38
10. Capitulo 10 *Siempre ten en cuenta estos consejos y trucos*	42
Acerca del Autor	47

Copyright 2021 por Maria Palazzi - Todos los derechos reservados.

Este documento está dirigido a brindar información exacta y fiable sobre el tema al que compete. La publicación se vende con la idea de que el editor no está obligado a rendir cuentas, esta oficialmente autorizado, o de lo contrario, los servicios del personal calificado. Si es necesario, asesoramiento legal o profesional, una práctica individual en la profesión debe ser ordenado.

- A partir de una declaración de principios que fue aceptada y aprobada igualmente por un Comité de la American Bar Association y un Comité de Editores y asociaciones.

De ninguna manera es legal para reproducir, duplicar o transmitir cualquier parte de este documento en medios electrónicos o en formato impreso. Grabación de esta publicación está estrictamente prohibido y cualquier almacenamiento de este documento no está permitida a menos que cuente con el permiso por escrito del editor. Todos los derechos reservados.

La información proporcionada aquí se dice sea veraz y coherente, en el que cualquier responsabilidad, en términos de falta de atención o de otra forma, por cualquier uso o abuso de las políticas, procesos o instrucciones que contienen es la solitaria y de absoluta responsabilidad del lector destinatario. Bajo ninguna circunstancia de cualquier responsabilidad jurídica o la culpa se celebrará contra el editor para cualquier reparación, daños, perjuicios o pérdidas monetarias debido a la información contenida en ella, ya sea directa o indirectamente.

Respectivo autor posee todos los derechos de autor no mantenidos por el editor.

La información que aquí se ofrece con fines informativos exclusivamente, y es tan universal. La presentación de la información es sin contrato o cualquier tipo de garantía de fiabilidad.

Las marcas comerciales que se utilizan son sin consentimiento, y la publicación de la marca es sin permiso o respaldo por parte del dueño de la marca registrada. Todas las marcas comerciales y las marcas mencionadas en este libro son sólo para precisar los objetivos y son propiedad de los propios dueños, no afiliado con este documento.

INTRODUCCIÓN

Primero antes que nada me gustaría darte las gracias por la confianza y por haberme elegido para emprender este viaje hacia el mundo de la **Meditación y el Mindfulness** Este libro te ayudara a que domines este mundo y logres obtener una salud excelente a través de lograr una vida saludable.

Estamos conscientes que incursionarse hacia el mundo de la meditación y la espiritualidad puede ser tedioso y muy lento, ya hemos probado de todo desde contar los gramos, las calorías, dejar de comer las comidas que tanto nos gustan y por supuesto, comenzar con las rutinas de ejercicios en el gimnasio. Es por esto que al no ver resultados te puedes sentir muy desmotivado/ desmotivada, y menos si no se dan en el tiempo que estableciste la meta para lograrlo.

Complementando al **Mindfulness**, la meditación es uno de los métodos mas efectivos para poder liberar tu mente y cuerpo y poder lograr una armonía en general con el ambiente que te rodea.

Una de las cosas que mas me llamo la atención cuando comencé a utilizar el **Mindfulness** fue que me permitía seguir con mi rutina diaria y mi trabajo sin interferir, ya que realizaba sesiones de 30

INTRODUCCIÓN

minutos a una hora dependiendo del tiempo disponible donde me dedicaba de lleno a estar con la mente plena.

En este libro te enseñare los diferentes abordajes hacia la el mindfulness, porque funciona, cuál es el secreto detrás y también vamos a derribar algunos mitos relacionados con esta disciplina.

El objetivo de este libro es enseñarte a tener un estilo de vida mas saludable a medida que vas librando del estrés y el nerviosismo, sin tener que realizar muchos sacrificios en tu estilo de vida actual, que todos sabemos que entre el trabajo y los demás quehaceres no nos queda mucho tiempo para dedicarnos a nosotros mismos.

También me he tomado el tiempo de desarrollar técnicas de Mindfulness que describiré en este libro y que he puesto en practica personalmente.

Mi objetivo, también, no es solo educarte sino motivarte, a dar ese paso que tanto te cuesta y tomar acción, es por esto que quiero pedirte una cosa, no te rindas a lo largo de este libro, sigue al pie de la letra mis instrucciones, prueba este método de mindfulness, te prometo que al terminar este libro y aplicar paso por paso mis consejos y enseñanzas vas a lograr una vida saludable, un estilo de vida positivo basado en la felicidad y una armonía en tu cuerpo que es lo que siempre quisiste.

Sin más preámbulos, ¡vamos a comenzar!

Muchas gracias por adquirir este libro, espero que lo disfrutes así como yo disfrute escribiéndolo.

UN POQUITO SOBRE MI

¿TE PREGUNTARÁS PORQUE DEBERÍAS DE ESCUCHARME?

Mi nombre es **MARIA PALAZZI**, soy experta en salud, nutrición y bienestar, de hecho no es algo que estudie solo porque me gustara, sino por vocación, disfruto de ayudar a las personas a cumplir sus objetivos y mejorar sus vidas a través del entendimiento del cuerpo, la mente, las dietas y el ejercicio; en mi opinión estos son los pilares fundamentales de un estilo de vida saludable, y como habrás escuchado muchas veces "mente sana, cuerpo sano". El cuerpo es nuestro templo y debemos de cuidarlo para que nuestra mente de todo su potencial, es por esto que la meditación es perfecta para esos objetivos.

En cada libro que escribo, quito un "trozo" de mis conocimientos y mi experiencia, con el objetivo principal de ayudarte con tus objetivos.

ALGO A TENER EN CUENTA

ADVERTENCIA

Tenga en cuenta que la información contenida en este documento es **sólo para fines educativos y de entretenimiento**. Se ha hecho todo lo posible para proporcionar información completa fiable y actualizada. No se expresan ni implican garantías de ningún tipo. Los lectores reconocen que el autor no se dedica a la prestación de asesoramiento legal, financiero, médico o profesional.

Al leer este documento, el lector acepta que bajo ninguna circunstancia somos responsables de las pérdidas, directas o indirectas, que se incurran como resultado del uso de la información contenida en este libro, incluyendo, pero no limitado a errores, omisiones o circunstancias.

CAPITULO 1
¿QUÉ ES REALMENTE EL MINDFULNESS Y QUÉ SIGNIFICA?

El Mindfulness es en realidad una forma de pensar que le permite estar constantemente consciente de lo que está haciendo y de lo que sucede, pero en algunas ocaciones cuando las personas se refieren comúnmente al Mindfulness, por lo general se refieren a técnicas de mediación que ayudan a vivir el momento de manera plena, plenamente consciente. La meditación de atención plena es una combinación de técnicas que ayudan a mejorar su salud general, mental, emocional y física e incluso espiritual. Te ayuda a conectarte, a comprenderse y a equilibrar la energía negativa en tu vida de manera que mejores en todos los sentidos.

- **¿Por qué deberías vivir practicando el Mindfulness?**

Muchas personas pasan por la vida sin entender lo que están haciendo e incluso, el por qué lo están haciendo. Es importante que entiendas esta técnica de estilo de vida para que puedas vivir en el presente. La mayoría de las personas viven toda su vida centrada en el futuro u obsesionadas con el pasado.

Muchas personas nunca viven en el presente, lo que reduce su disfrute en la vida. Desconocen que es más fácil disfrutar cada momento, incluidas las pequeñas cosas que suceden en cada momento para contribuir a tu felicidad, si es que estás constantemente atento (en atención plena).

- **¿Cuáles son los beneficios de vivir así?**

Hay muchos beneficios que brinda el Mindfulness y también el practicar las técnicas que vienen con el, que por supuesto aprenderás en este libro. Uno de los principales beneficios es que puede ayudarte a alcanzar un estado de "ser" más estable. Ya que al poseer un estado estable, va a ser más probable que te sientas tranquilo y en paz interior. Mantener la calma te ayudará a procesar todo lo que sucede a tu alrededor en el mundo físico, así como lo que sucede en tu propia cabeza.

Esto te conducirá a adquirir un conocimiento propio, a mejorar tu sistema inmunológico, alcanzar la estabilidad emocional y muchas cosas más. Desde dormir hasta comenzar tu día, hay una técnica que puede ayudarte a lograrlo. Desde el Mindfulness de las emociones hasta el de la sensación física, estas técnicas solo te tomaran unos minutos practicarlas, y los beneficios superan con creces el tiempo que pierdes.

- **¿Cuál es la mejor técnica de Mindfulness para empezar?**

La mejor técnica para dominar en primera instancia es **el Mindfulness de la respiración**, y esto es porque es la mejor manera de lograr un equilibro rápidamente con este método de meditación, de manera rápida y efectiva. Por supuesto, también es una técnica que va a estar presente en todas las demás técnicas. La mayoría de estas técnicas comienzan con el Mindfulness de la respiración, ya que es tu técnica usada para centrarte, bloqueando el mundo externo.

Para practicar el Mindfulness de la respiración, debe comenzar por sentarse en algún lugar donde no se distraiga. Luego, asegúrate de estar cómodo/cómoda y cierra los ojos. Por lo general, es mejor si la habitación esta oscura. Tu respiración será tu principal y único objeto de concentración, así que comienza a respirar lentamente por la nariz y exhalar por la boca.

Con el Mindfulness de la respiración, no te enfocaras en el camino de la respiración hasta los pulmones, sino que te asegurarás de concentrarte en lo que se siente al respirar por la nariz. Concéntrese en cómo se siente en sus fosas nasales, cómo se siente para que tu pecho se expanda sin seguir la respiración. Luego, se consiente de cómo se siente cuando esa respiración deja tu cuerpo a través de su boca. Comienza a experimentar cada acción de tu cuerpo y tu conciencia de manera que sientas que eso es lo único que existe en la habitación en ese instante.

Vas a querer concentrarte solo en tu respiración, y algunas personas pueden hacer esto contando del 1 al 10 si tienen problemas para lograr ese nivel de concentración. Por lo general, se recomienda que cuentes la respiración en cada exhalación, que cuentes hasta diez y luego vuelvas a bajar hasta que llegues a uno. Esto marcara el final de tu ejercicio de Mindfulness de respiración, y podrás abrir los ojos. Algunas personas mantienen sus ojos cerrados por un momento más, disfrutando de lo relajado que debería sentirse su cuerpo, si así lo sientes, hazlo, tu cuerpo y tu mente saben cuando deben continuar.

- **¿Qué tiene esto que ver con tu estado de ser?**

Durante el Mindfulness de la respiración, es más probable que dejes de lado el estrés y la tensión, por lo que es útil para casi todos los beneficios que intentas obtener de estos métodos y prácticas de meditación. El estrés te afecta de manera negativa espiritualmente, emocionalmente, física e incluso mentalmente. Necesitas todos esos aspectos de ti mismo/misma para estar en orden si quieres sentirte lo mejor posible, y muchos de tus objetivos y estabilidad que buscas están a tu alcance.

Todo lo que tienes que hacer es practicar una de estas técnicas al menos una vez al día. Muchas personas practicarán más de una vez al día, pero depende completamente de ti. Es posible que desees practicar una técnica más de una vez al día si estás tratando de obtener múltiples beneficios o si estás intentando resolver algún problema que puedas tener, como controlar la ira.

- **¿Viene naturalmente el Mindfulness?**

Para algunas personas, estas técnicas son tan naturales como respirar, después de su primera sesión. Sin embargo, notaras que para la mayoría de las personas el acto de ser consciente y utilizar estas técnicas es algo que se logra a través de la disciplina, la práctica y el tiempo. No es algo que se manifieste de forma natural, pero cuanto más las practiques, más fácil te resultará dominarlas. Al principio te será difícil mantenerte enfocado/enfocada, y es por esto que es importante escuchar consejos y aprender trucos a lo largo del camino que te ayudaran. Domina el Mindfulness de la respiración antes de seguir adelante, ya que te ayudará a pasar a otras técnicas que pueden ser más avanzadas y por ende mas complejas, o que requieran más concentración, y como bien sabes, mantener la concentración y despejarse de todos esos pensamientos que rondan nuestra cabeza es una de las tareas mas difíciles y uno de los pasos a dominar mas complejos de tu travesía en esta disciplina.

- **¿Mejora tu vida de inmediato practicando el Mindfulness?**

Puede que te estes preguntando si estas técnicas cambiarán drásticamente tu vida de inmediato, y la respuesta es **no**. Notarás una diferencia en tu forma de pensar y, naturalmente, cambiaras con el tiempo para convertirte en una persona más positiva. El cuánto cambia este proceso en tu vida y qué tan rápido, depende de tu objetivo principal y , tambien, con qué frecuencia practicas cualquiera de estas técnicas.

Si practicas a lo largo del día, al menos una vez al día, es más probable que notes los resultados rápidamente, que también veas un cambio en tu estado mental en general y en sus niveles de energía. Por supuesto, si estás utilizando más de una de estas técnicas, también notarás un cambio mayor porque te estás enfocando en todo tu estilo de vida en lugar de solo en pequeñas áreas sin tanta importancia.

CAPITULO 2
FORTALECE TU SISTEMA INMUNE

Ahora que sabes de que se trata esta técnica de meditación, probablemente te estarás preguntando cómo es que el Mindfulness puede ayudarte. En realidad, te puede ayudar en el aspecto de tu salud física, y esto se debe a que el mindfulness puede ayudar verdaderamente a su sistema inmunológico. Si tu sistema inmunológico no es muy fuerte, es importante que le prestes atención y todo lo que este tiene para ofrecer a tu régimen diario. Por supuesto, que es útil incluso si tienes un sistema inmunitario decente y fuerte.

- **¿Cómo te ayuda el Mindfulness con tu sistema inmunológico?**

A medida que aprendas, estas técnicas son una forma de meditación que te ayudará a reducir el estrés y, a su vez, te asegurará que tu sistema inmunológico esté activo y en pleno apogeo. No importa qué técnica en particular vayas a utilizar. Lo importante es que uses una, y que lo hagas de manera regular, esto es lo que te ayudará a obtener el beneficio de esta forma de meditación.

- **¿Hay alguna otra razón por la que el Mindfulness ayuda a tu sistema inmunológico?**

Así es, si, hay otra razón por la que se cree que esta práctica ayuda al sistema inmunológico, y eso se debe a que a medida que tu mente se comienza a centrar hacia el interior, donde se pone más en sintonía con tu cuerpo de manera mental y físicamente. Esto le permite a tu mente estar más consciente de cualquier enfermedad que pueda estar sufriendo, incluso a nivel del subconsciente.

Muchas personas creen que esta es una de las razones por las que el sistema inmunológico puede recuperarse fácilmente, lo que nos ayuda a combatir cualquier enfermedad que se presente. Es más probable que note pequeños síntomas de enfermedad cuando practica la meditación consciente porque notará que su cuerpo es un todo. Podrás saber si tu garganta está ligeramente adolorida, si te duelen los músculos, o si te sientes con mas temperatura de lo normal y así sucesivamente.

También se sabe que el estado mental afecta al sistema inmunológico. Si eres una persona más positiva, tu sistema inmunológico se encuentra mas fuerte, ya que hay no retienes lo negativo. Si experimentas un trauma emocional, incluso inconscientemente, reducirás drásticamente tu sistema inmunológico, porque los efectos de la ansiedad te hundirán, lo que también puede conducir a la depresión.

Se sabe que la meditación consciente (o Mindfulness) al igual que la meditación en su conjunto, ayuda a producir más anticuerpos y a estimular las regiones del sistema inmunológico relacionadas con el cerebro. Esto te ayuda a estimular el sistema inmunológico en su conjunto. Sin embargo, los efectos no son inmediatos y, a veces, un efecto notable puede tardar hasta ocho semanas por eso, como lo hablamos anteriormente, la disciplina y la constancia son esenciales para un completo desarrollo del Mindfulness.

- **¿Cuáles son los beneficios de un sistema inmunológico en forma?**

Si posees un sistema inmunológico en forma, mantendrás tus niveles de estrés bastante bajos y, en primer lugar, se reducirán para ayudar a tu sistema inmunológico. Esto significa que es más probable que seas una persona positiva. También hay mas probabilidad de que seas capaz de manejar las decepciones que se te presenten sin caer en la depresión o experimentar demasiada ansiedad por los pequeños problemas y cosas. Con un sistema inmunológico en optimas condiciones, uno de los resultados más obvios y beneficiosos es que no tendrás tantas probabilidades de enfermarte.

Esto es útil durante todo el año, pero también encontrarás que es extremadamente útil durante la temporada de resfriados y gripe. Si te enfermas, es más probable que caigas en una rutina, te sientas deprimido/a, que pierdas el trabajo, que no puedas concentrarte y que te sientas agotado, lo que hace que tu calidad de vida disminuya. Puede ser difícil recuperarse de estar enfermo tanto física como mentalmente, pero con esta forma de meditación se crea un sistema inmunológico reforzado y esto ayuda a que haya menos probabilidad de que ocurra lo opuesto.

- **¿Importa qué meditación de atención plena usas?**

No, no importa qué tipo de técnica de meditación uses. Todas las formas de esta meditación están destinadas a centrarte, y esto es lo que te ayudará a estimular tu sistema inmunológico. Por supuesto, la atención plena de la respiración es uno de los ejercicios más fáciles para trabajar en su rutina diaria. Solo asegúrese de tener al menos diez minutos dedicados a estos ejercicios.

Existen diferentes variedades de estas prácticas que pueden implementarse para alcanzar el beneficio de un sistema inmunológico elevado, y ni siquiera importa dónde lo practiques. Puedes practicarlo en el autobús, en casa e incluso en la naturaleza. También será útil agregar la naturaleza a su práctica de meditación Mindfulness, ya que se sabe que la naturaleza también ayuda a estimular el sistema inmunológico, así como a mejorar su actitud general y también al salir al exterior y disfrutar de la naturaleza genera un cambio en tu interior que te relajara aun mas.

- **¿Se debe hacer una rutina para lograr este beneficio?**

Sí, para lograr este beneficio necesitas hacer una rutina de ello. Es mejor practicar una de estas técnicas al menos una vez al día para cualquier beneficio que tenga para ofrecer. Sin embargo, encontrará que si está tratando de mejorar su sistema inmunológico, todo lo que necesita hacer es practicar al menos una vez al día durante diez a quince minutos. Puede mejorar sus posibilidades de aumentar drásticamente su sistema inmunológico practicando en la naturaleza, en un lugar tranquilo o más de una vez al día. Solo recuerde que los efectos de un sistema inmunitario elevado no se muestran de inmediato, y porque no se está seguro de si está funcionando correctamente no significa que deba interrumpir sus prácticas. En su lugar, siga así, ya que puede tardar hasta ocho semanas en notar un efecto. Ten paciencia y sigue adelante. Se constante en tu objetivo.

CAPITULO 3
ALCANZAR LA ESTABILIDAD EMOCIONAL

Tu estabilidad emocional se alimentará de muchos aspectos diferentes en tu vida, sin importar si es espiritual, físico o mental. Es importante que tenga estabilidad emocional, pero en realidad es difícil para muchas personas alcanzar un nivel de estabilidad emocional que les permita manejar casi cualquier situación de una manera saludable. El Mindfulness también puede ayudarlo/a a alcanzar la estabilidad emocional, y es un beneficio fácil de alcanzar.

- **Entonces, ¿cómo ayuda el Mindfulness a la estabilidad emocional de forma directa?**

Hay muchas razones por las que estas técnicas te ayudarán a lograr la estabilidad emocional y, una vez más, una de las razones es que te ayudará a reducir el estrés en tu vida. También te da una rutina que puedes seguir, y durante estas meditaciones y prácticas, trabajas para ponerte con los pies en la tierra y poder centrarte. Esto te permitirá observar tus emociones.

Al reconocer tus emociones sin intentar negarlas, podrás aceptarlas con mayor facilidad. Cada emoción debe ser aceptada, no importa si es justificable o no. No puedes dejar de sentir ciertas emociones si quieres ser emocionalmente estable, sino que, debes asegurarte de poder filtrar tus emociones negativas, aceptarlas y cambiar tu perspectiva por algo más positivo.

- **¿Cuáles son los beneficios de tener un estado emocional estable?**

La estabilización de sus emociones tiene muchos beneficios, y uno de los mayores beneficios es que no tendrá que lidiar con la negatividad que se cierne sobre usted. Cuando tienes un estado emocional estable, es mucho más probable que veas el mundo de una manera positiva. Podrás filtrar emociones negativas y así podras manejar situaciones difíciles con más facilidad.

Incluso te ayudará en momentos de enojo y en aquellos que necesites perdonar a las personas. Es posible que no desees perdonar, pero ten en cuenta que cuando tienes una actitud diferente hacia el perdón y al olvidar, liberes el estres. Esto se debe a que cuando guardas rencor estás gastando tiempo y energía en personas que no lo merecen, pero te liberas de eso cuando perdonas a alguien. Te hace libre.

- **¿Hay alguna meditación de Mindfulness que sea mejor para tu estado emocional?**

Sí, las hay. Querrás practicar el Mindfulness de las emociones si deseas obtener los mejores resultados al concentrarte y estabilizar tu estado emocional. La estabilidad emocional tiene muchos beneficios, pero puede ser difícil de lograr sin la orientación adecuada. La atención plena de las emociones es una excelente manera de guiarte a través de tus emociones, aprendiendo a trabajar una a la vez.

Desde la aceptación hasta cambiar tu perspectiva sobre tus emociones, la atención plena de las emociones puede ayudarte con todo. Con el tiempo, cuando lo practicas regularmente, la práctica se vuelve casi una segunda naturaleza. Este es el aumento de la estabilidad de su estado emocional y significa que será más fácil de administrar y mantener.

- **¿Cómo debo practicar el Mindfulness de las emociones?**

Como todas estas formas de meditación, necesitas comenzar relajándote y poniéndote cómodo/a. Asegurate de que no haya tensión en tus hombros, así que cerciorarte de estar en una posición cómoda y luego cierra los ojos. Deberas de enfocarte internamente, así que no permitas que el mundo externo te distraiga. Trata de estar en un ambiente tranquilo, y comienza con ejercicios básicos de respiración. Cuenta tus respiraciones del uno al diez. Asegúrese de inhalar por la nariz y exhalar por la boca, prestando atención a cómo te sientes cuando la respiración pasa de la nariz a los pulmones y vuelve a salir.

Una vez que tu atención esté finalmente enfocada, puede volver a concentrarse en cualquier emoción fuerte que esté sintiendo en ese momento. Esto puede ser cualquier cosa, desde la ira a la ansiedad a la felicidad. Puedes usar tanto emociones positivas como negativas. Elige una emoción que sientas o una fuerte que puedas recuperar. Recupera el recuerdo de lo que causó esa emoción para que realmente puedas conectarte y dejar que te cubra en su totalidad.

Mantén los ojos cerrados y tu atención localizada en esa emoción, tratando de recordar todo lo que te llevó a ella, incluidos los sentidos y sensaciones que puedas recordar. Imagina la situación, caminando a través de todo de nuevo. Sentirás una sensación en tu cuerpo y dejarás que el pensamiento entre en tu mente. No entretengas los pensamientos, y en lugar de eso, simplemente déjalos flotar, reconociéndolos. Pregúntate qué emoción estás sintiendo y si hay más de una.

Trate de ver el evento de una manera curiosa, mirando para ver qué causó que todo sucediera. Esto te ayudará a evitar negar la emoción. Reconozca cualquier sensación física que esté ocurriendo también, como si su corazón estuviera latiendo con fuerza o sus músculos se tensaran. Esto te ayudará a ser más consciente, pero nunca juzgues la emoción. Recuerde que no debe sentirse culpable o estresado por esta emoción. Dígase a sí mismo que es natural, y cuando sienta que ha aceptado la emoción, deseará volver a concentrarse en la respiración. Entonces puedes abrir los ojos.

- **¿Verás los efectos de practicar el Mindfulness de la emoción de inmediato?**

Sí, empezarás a sentirte más estable. Sin embargo, no alcanzarás la estabilidad emocional de forma completa por un tiempo. Deberás seguir practicando y practicando, al menos una vez al día, para asegurarte de que no se acumulen emociones negativas. Estas disminuyen la estabilidad de tu estado emocional, lo que a su vez conducirá a la depresión, el estrés, la ansiedad y los ataques de ira o rabia, y por supuesto no son cosas que queremos o deseamos en nuestras vidas.

- **¿Cuándo es el mejor momento para practicar este tipo de Meditacion?**

Puede practicar el Mindfulness de las emociones en cualquier momento si desea cultivar un estado emocional estable. Por supuesto, también querrá asegurarse de practicarlo periódicamente y se recomienda hacerlo al menos una vez al día. Si sientes una emoción particularmente fuerte, entonces puedes elegir aceptar esa emoción y aprender de ella, mientras la aceptes. El mindfulness de las emociones está pensado para ayudarte a aceptar esas emociones y equilibrar tu estado emocional en general.

CAPITULO 4
AYÚDATE EN MOMENTOS DE IRA

La ira es algo que nos afecta a todos de vez en cuando, necesitaras saber cómo manejarlo adecuadamente si quieres vivir una vida saludable. La ira afecta nuestro estado de ánimo en general, y puede provocar estrés y ansiedad innecesarios. Por supuesto, estas técnicas también pueden ayudarte con tus momentos de ira.

Te puede ayudar a alejarte de una situación frustrante y que, por ende, desemboca en ira, pero también puede ayudarte a alcanzar un tipo de estabilidad en tu ser interior que te ayudará a tener menos probabilidad de caer en el enojo con tanta facilidad.

- **¿Deberíamos aceptar el enojo como algo natural?**

Sí, la ira es natural y necesita ser aceptada. Sin embargo, hay una diferencia entre aceptar el enojo y actuar sobre tu ira. Cuando estas en ese momento, es más probable que actúes invadido por ese sentimiento mas que aceptándolo como tal. La ira tiene muchos efectos negativos en tu vida, y debes asegurarte de intentar equilibrar estos efectos negativos para que no te domine.

La ira también puede afectar a tu familia, ya que te hace sentir peor animicamente, lo que te hace más propenso a atacar a los demás. Si se siente deprimido o negativo, eso también afectará a quienes lo rodean. Necesitas sentirte más positivo si quieres una actitud positiva en tu vida. La ira puede incluso afectar su salud, como la salud de su corazón. Puede aumentar su riesgo de accidente cerebrovascular, ataque cardíaco y presión arterial alta. Es mejor mantenerse alejado de la ira siempre que sea posible, y nunca debes pensar en la ira. Puede ayudar tanto a limitar su ira como a aceptarla para que pueda seguir adelante con su vida.

- **¿Cómo te ayuda esta técnica en momentos de ira?**

Esta puede ser una pregunta muy compleja, porque es difícil manejar la ira cuando estás desbordado por ella en ese instante. Sin embargo, haz un buen trabajo guiándote por el sendero que te conduce a ella. El hecho de estar alerta es estar consciente de tu estado mental, físico, emocional y espiritual. Todo tu ser saldrá de balance cuando estés enojado, y estas técnicas, incluida la meditación, están destinadas a ayudarte a recuperar el equilibrio.

Esto no es diferente, cuando se trata de la ira, pero el proceso es un poco más difícil de manejar. Practicar esta técnica antes para ayudarte con tu enojo es mejor, porque te ayudará a entender el proceso y pasar al estado mental necesario incluso durante esos momentos de ira, lo mismo se aplica cuando te encuentres en un estado de angustia emocional.

- **¿Que ejercicio puedo practicar de inmediato si empiezo a enojarme?**

Querrás, principalmente, hacerte consciente de la ira que sientes, y debes volcarte hacia adentro para ver qué sensación física te produce. Haz que tu mente se dé cuenta de lo que está pasando con tu cuerpo, porque durante la ira es muy probable que separes tu cuerpo y tu mente para ayudarte a enfrentar la rabia que sientes. Es posible que notes sensaciones en la cara, en el pecho e incluso en tu estómago. Tu ritmo cardíaco o tu respiración pueden aumentar drásticamente, y es probable que tus músculos se tensen. Asegurate de observar todas las reacciones en tu cuerpo.

A continuación, debes recordar respirar, tal como lo harías durante el Mindfulness de la respiración. Inhala e imagina que aliento vas hacia donde sientes estas sensaciones físicas, limpiando el área. Puedes cerrar los ojos si te es más fácil, para muchas personas así lo es. Comienza a contar cada respiración que tomas y sigue contando hasta llegar a diez. Imagina que cada vez que exhales un poco más, la ira se libera de tu cuerpo y ya no te molesta mas.

Sigue con lesa sensación al respirar, así como tambien las sensaciones que sientes por la ira. Observa estas sensaciones a medida que aumentan o disminuyen, y aprende a aceptarlas. Conocerte en esos momentos cruciales es la mejor manera de seguir tu camino hacia dominar el Mindfulness.

A continuación, comenzarás a concentrarte hacia adentro, permitiéndote notar y entender realmente tus pensamientos que comiencen a fluir. Puede que pienses que la situación no es justa, que realmente tienes derecho a estar enojado/a y que no puedes soportarlo mas. Cualquiera que sean estos pensamientos que tengas, no necesitan ser justificados. Solo necesitas aceptar estos pensamientos. Déjalos pasar por tu mente, pero trata de no interactuar con estos pensamientos o terminarás pensando en ellos y en la ira que están causando y eso es como poner mas carbon para hacer crecer aun mas las llamas.

Esto te ayudará a disipar la mayor parte de tu ira. Una vez que sienta que su ira disminuye, podrá ver exactamente lo que está haciendo en la situación, incluso si aún no está claro qué debe hacer a continuación. Con la mayor parte de la ira fuera de su sistema, puede buscar una solución y comunicarse un poco mejor. Recuerda ser honesto y hacer frente a tu ira cuando ocurra.

- **¿Es recomendable hacerlo de manera regular?**

Puedes practicar cualquiera de estas técnicas de forma periódica pero eso no significa que tengas que hacerlo todos los días. Te ayudará si practicas de Mindfulness de las emociones todos los días porque te ayudará a aprender a aceptar tus emociones, incluida la ira, de una manera un poco más fácil. Esto te ayudará a controlar la ira a medida que aumenta en el momento, así como a lidiar con los efectos posteriores a esa sensacion, mucho más fácilmente.

Querrás hacer de la práctica anterior una práctica cada vez que se sienta enojado. Encontrarás que es mucho más fácil dejar ir la ira, e incluso será más fácil entender por qué te enojas y así resolverás el problema. Si no sabes por qué estás enojado o, si no sabes cómo resolver ese problema, solo va a agravar tu enojo y empeorar la situación.

CAPITULO 5
FORTALECE LAS RELACIONES PERSONALES

Uno de los mayores problemas en cualquier relación es el conflicto en el que se está obligado a aceptar. Por supuesto, pueden haber múltiples razones por las que sus relaciones personales están sufriendo, y es por eso que hay muchos tipos de relaciones personales. Tienes que estar en un buen lugar mental, emocional y físicamente si quieres ser capaz de mantenerte en una relación personal, y se sabe que esta práctica ayuda con esto. Le ayudará a equilibrarse, lo que le permitirá obtener una perspectiva más positiva y aumentar las interacciones positivas.

- **¿Cómo puede ayudarte el Mindfulness con tus relaciones personales?**

Encontrarás que esta práctica te ayudará con cualquiera de tus relaciones personales por una multitud de razones, pero una de las razones principales es que te ayudará a entenderte un poco mejor. Cuanto más tiempo pases durante estas sesiones de meditación, más podrás aprender sobre ti mismo/a. Así es como adquieres el autoconocimiento, que se tratará con mayor profundidad otro capitulo mas adelante. Cuando entiendas un poco más acerca de ti mismo, por ejemplo: como es que fallas, tus fortalezas e incluso problemas que aún no hayas resuelto, podrás asegurarte de que no estas resolviendo tus problemas poniendo la carga en otras personas.

Es importante en una relación sana, que manejes cada problema que tengas, entre ti y la otra persona, de manera madura y responsable. No podrás hacer esto a menos que seas capaz de identificar el problema, con lo que el autoconocimiento te podrá ayudar en ese aspecto. Comprender estas técnicas también te ayudará a dejar de lado cualquier rencor, y esto se debe a que el Mindfulness puede ayudarte a dejar de lado la ira que está causando cualquiera de tus problemas con otras personas, así como a ver el problema con mayor claridad desde otra perspectiva.

Si te encuentras envuelto en una situación en la que te veas con los pensamientos y emociones que causaron esos sentimiento, es mucho menos probable que veas la situación con claridad. Incluso podrías tener la culpa o al menos parcialmente la culpa del asunto y no verlo, pero con la visión nublada nunca lo sabras. Se sabe de antemano que el Mindfulness te ayuda a lograr esta claridad al permitirte experimentar y reconocer tus pensamientos y emociones sin tener que sumergirte en ellos.

Los pensamientos y las emociones siempre tienen que seguir su curso, pero si los alimentas de "combustible", solo provocará que, metafóricamente, estes poniendo más gasolina en un incendio que será más difícil de apagar. Es más saludable ver las situaciones de frustración, enojo o simplemente situaciones tensas con mayor claridad cuando estás en una relación porque te ayudará a asegurarte de no culpar indebidamente o actuar de manera injusta con la otra persona. Cuando eres más razonable, es más probable que la relación dure y se mantenga saludable.

- **¿Podrás perdonar a las personas en tu vida usando el Mindfulness?**

Sí, por supuesto que puede ayudarte a perdonar a la gente. Una de las formas en que te ayuda con el perdón es que te facilita el entender que las cosas suceden, y una vez que ves la situación claramente, puedes entender por qué las personas actuaron de esa manera. También es más probable que veas el papel que has jugado en aquellas situaciones.

Incluso puedes usar esta técnica para perdonar a alguien al alterar el Mindfulness de la emoción. Si necesitas perdonar en alguna ocasión, siempre hay una razón y generalmente está relacionada con la ira o alguna otra emoción negativa del momento. Asegúrate de captar esa emoción cuando estés practicando el Mindfulness de la emoción. Asegúrate de observar el evento que hace que necesites perdonar a esa persona, pero cuando te concentres en los detalles, necesitaras concentrarte en esa persona en especifico, a la cual quieres perdonar.

Deja que todo, menos esa persona y la ira que sientes hacia ellos se desvanezcan de tu mente. Aun así tus pensamientos se enfocaran sobre ellos en algunos momentos, pero obsérvalos sin interactuar. Observa las emociones que te provocan las miradas frente a frente con esa persona, pero no alimentes esas emociones ni interactúes con ellas solo ve la situación como si estuvieses en tercera persona, desde afuera. Luego, querrás comunicar lo que sientes, lo cual puedes hacer en voz alta si crees que funcionará mejor, en caso contrario puedes decírtelo a ti mismo/a.

Communicate contigo mismo y enfocarte en que perdonas a esa persona. Dile que ya no puede hacerte daño, ya no mas. Que dejaras ir la ira. Puede que tengas que repetirlo varias veces si realmente quieres que surta efecto. A continuación, concéntrate en tu respiración mientras giras ese mantra hacia tu interior. Asegúrate de concentrarte en cualquier enojo residual que sientas hacia ellos mientras inhalas y exhalas.

Con cada respiración, imagina que la ira abandona tu cuerpo, manteniendo los ojos cerrados. Concéntrese en cómo la respiración viaja desde tus fosas nasales hasta tus pulmones, expandiendo tu pecho y dejando tus pulmones, exhalando la respiración y la ira de su cuerpo a través de su boca. Sigue así hasta que realmente sientas que perdonas a esa persona, luego puedes abrir los ojos y enfócate en como te sientes.

- **¿De qué otra manera ayuda el Mindfulness con las relaciones personales?**

Te ayudará con tus relaciones personales porque te ayudará a establecerte y equilibrarte. Con la práctica diaria de estas técnicas, te sentirás más estable y más positivo. Estas técnicas están destinadas a ayudar con el equilibrio de tu estado espiritual, mental, emocional y físico.

Te ayudará a estimular tu sistema inmunológico, aliviar el estrés e incluso deshacerte de la energía negativa. Si te sientes más positivo y saludable, es probable que reacciones de igual manera a todo lo que sucede a tu alrededor. Esa positividad también se extenderá a todo lo que te rodea, incluidas tus relaciones personales. Esto permite que esas relaciones crezcan y prosperen.

- **¿Cómo obtienes ese beneficio de practicar el Mindfulness?**

Recuerda que todo viene con la rutina y la practica la cual se ganará con el transcurrir del tiempo. No verás una mejora inmediata en cómo reaccionas con todos los que te rodean. No lo verás mejorando tu vida amorosa de inmediato, pero verás un aumento en la positividad inmediatamente a medida que practiques de manera periódica estas técnicas de meditación. Solo se paciente y podrás obtener este beneficio con el tiempo. Como siempre, con disciplina.

CAPITULO 6
ADQUIERE AUTOCONCIENCIA Y COMPRENSIÓN

La mayoría de las personas realmente no se conocen a sí mismas, quiénes son, o qué es lo que realmente les motiva en la vida. Esto es lo que se supone que el autoconocimiento te ayuda a obtener, y hay muchos beneficios para obtener el autoconocimiento. Puedes comprender mejor tus propias acciones y reacciones e incluso las involuntarias, realmente puedes entenderte a ti mismo si así lo deseas.

Este proceso puede ayudarte a entenderte a sí mismo/a, pero no es un proceso rápido de hacer. Siempre hay algo nuevo que puedes aprender sobre quién eres y por qué actúas como lo haces, la vida es algo se va desarrollando y mutando dependiendo de las desiciones que tomamos en cada instante.

- **¿Por qué necesitas adquirir auto-conocimiento?**

El autoconocimiento es algo que la mayoría de las personas no tienen, pero hay muchos beneficios para obtenerlo, como poder entender sus propias emociones. Muchas personas simplemente sienten emociones sin comprenderlas, y sí, el Mindfulness de las emociones puede ayudarte con eso. Sin embargo, el Mindfulness de la emoción está destinado a ayudarte a comprender cómo aceptar y mover las emociones del pasado. No será suficiente para ayudarlo a comprender completamente por qué experimenta ciertas emociones. Hay muchas ocasiones en las que las personas se confunden por sí mismas.

Si logras comprenderte a ti mismo, es menos probable que se sientas frustración en ciertas situaciones, y esto te ayudará a procesar las cosas de manera más rápida, fácil y saludable. Hay menos probabilidad que dependas de vicios como el alcohol, la negación e incluso las drogas. En su lugar, podrás dejar las cosas del pasado de una manera saludable a medida que surjan en tu vida en el presente, y también, como resultado mejora los mecanismos de afrontar algunas problema o situación.

También podrás comprender por qué ciertos patrones en tu vida siguen ocurriendo, brindándote claridad. Necesitas claridad para entender cómo salir de una rutina en la que puedes estar, pero necesitas claridad en ti mismo, cosa que estas técnicas pueden proporcionarte cuando las practicas adecuadamente.

- **¿Cuál es la mejor manera para obtener el autoconocimiento?**

Cualquiera de estas técnicas, cuando las practiques, te ayudará a adquirir un conocimiento de ti mismo, pero la parte mental también se practica comúnmente para lograr este beneficio. Si estás buscando iniciar una sesión de Mindfulness del pensamiento, debes saber que puede llevarte un poco más de tiempo que otras técnicas. Esto se debe a que debes tener en cuenta el tiempo que lleva reconocer y observar todos los pensamientos para que puedas comenzar el proceso y las ideas, para poder procesarlos más adelante. Una sesión de Mindfulness puede durar aproximadamente veinte minutos o más. Algunas personas suelen tener sesiones que duran diez minutos, pero al menos quince minutos suelen ser lo recomendado para lograr exprimir al máximo la sesión.

Al igual que cualquier otro de estos ejercicios, querrás comenzar en una posición cómoda con poca o ninguna distracción exterior a tu alrededor, para que pueda girar internamente. Comienza con el Mindfulness de la respiración, y cuando te sienta cómodo de centrarte en ti mismo y evadir las distracciones el mundo externo, puedes comenzar a moverte hacia adentro tuyo, y no hacia la sensación física de respirar, como lo hicimos en anteriores capítulos.

Observa lo que te está molestando o lo que estás pensando. Puede que solo pienses que es pacífico, y eso también está correcto. No interactúes con los pensamientos, ya que esto puede ser perjudicial durante el proceso. No intentes cambiar tu forma de pensar o no podrás observarte adecuadamente. Permite que tus pensamientos divaguen, y no trates de encontrar una razón para conquistarlos o dirigirlos en cierta dirección.

No importa lo que surja, trata de mantenerte desconectado de tus pensamientos. No exasperes tus pensamientos, y no comentes sobre tus pensamientos. No pretendas que se transforme en conversación contigo mismo. Trata de no juzgar tus propios pensamientos. No importa si tus pensamientos son crueles o tristes. Necesitas dejarlos fluir libremente. Más tarde, podrás reflexionar sobre lo que has aprendido sobre usted mismo, pero no debes hacer esto mientras estás tratando de observarte.

Una vez que sientas que has observado tus pensamientos durante el tiempo suficiente, vas a comenzar a sentir que tu mente intenta empujar tus pensamientos hacia una dirección particular, es en ese momento donde deberás terminar la sesión. Regresa al ejercicio de respiración consciente antes de abrir los ojos.

Muchas personas piensan que es mejor sentarse allí por un momento, y otras encuentran que es útil escribir sobre lo que querrían reflexionar porque hay mucho que han visto en su mente durante la sesión. Otras personas encuentran que su mente todavía está relativamente tranquila, pero es importante escribir cualquier cosa que desees experimentar o comprender para ir sumando experiencias en este proceso.

- **¿Cómo te ayuda esto a adquirir el autoconocimiento?**

Lo que aprendiste de ti mismo te ayudará a manejar todo lo que se te presente de ahora en adelante. Vas a querer asegurarte de reflexionar sobre todo si quieres obtener el autoconocimiento que buscas. Es posible que no entiendas realmente cómo funciona tu propio cerebro y mente, pero al observar tus pensamientos, veras patrones en ellos y podrán ayudarte a ver cual la causa y el efecto de lo que está sucediendo en tu vida, en tu estado mental y emocional. Una vez que reconozcas esos patrones, podrás cambiarlos o, al menos, aceptarlos, lo que también puede ayudarte a cambiar tus mecanismos de afrontar situaciones. Esto por mas simple que parezca, te ayudara a mejorar tu vida en general.

- **¿Cual es el mejor momento del día para practicar el Mindfulness del pensamiento?**

Para serte sincera, no hay un momento específico del día en el que tengas que practicar el mindfulness de los pensamientos a modo obtener los beneficios que ofrece, esto no es como el gimnasio, por ejemplo. Sin embargo, muchas personas encuentran que es más fácil practicar mindfulness antes de acostarse o después de levantarse por la mañana. Si eliges practicar el mindfulness del pensamiento en la mañana antes de comenzar el día, es más probable que te sientas centrado y conectado "a tierra" durante el día. Esto también tendrá un impacto positivo en tu vida y en la forma en que interactúas con el mundo que te rodea, incluidas las personas que frecuentas.

CAPITULO 7
AUMENTA LA CONCENTRACIÓN GENERAL

Aunque no lo creas, el mindfulness también puede ayudarte a aumentar tu concentración general, y esto puede ayudarlo en muchas facetas de su vida. La concentración lo ayudará a tener éxito de muchas maneras diferentes, incluidos los negocios y la escuela. Si tiene una mayor concentración, es probable que se asegure de lograr todo lo se proponga. Esto se debe a que podrá poner más de su mente en todo lo que está haciendo, y es menos probable que se distraiga con cosas simples que suelen aparecer para distraernos durante el proceso.

No necesita tener problemas de concentración para distraerse. Peri si lo tienes, lo hará solo un poco más difícil, y puede tardar un poco más en ver algunos resultados si sufre de un trastorno real de atención. Todos pueden usar un aumento de la concentración, y con estas prácticas ese impulso puede ser fácil.

- **¿Cómo es que incrementar la concentración te ayudara a alcanzar el éxito?**

Cuando aumenta su concentración y se concentra, como se indicó en capítulos anteriores, es más probable que tenga éxito en cualquier cosa que intente lograr. Cuando intenta aprender un nuevo hobbie, por ejemplo, encontrará que se necesita una concentración plena para obtener el conocimiento necesario y poder lograrlo. También se requiere mayor concentración para practicar muchos hobbies a la vez por ejemplo: trabajar con madera, trabajar el cuero, hacer joyas, escribir e incluso bordar, por dar algunos ejemplos. No importa cuál sea tu pasatiempo, pero si puedes enfocarte, todo resultará mejor.

También encontrará que podrá alcanzar los objetivos personales que establezca si puede concentrarse en sus actividades diarias. Esto se debe a que la postergación disminuye, lo que le ayuda a lograr más, lo que a su vez le dará más tiempo libre. Más tiempo libre te ayudará a aumentar tu positividad, que es algo con lo que estas técnicas ayudan en primer lugar.

Por ejemplo, si estás leyendo, encontrarás que la concentración te ayudará a leer un poco más rápido. Si lo intentas, encontrarás que si te concentras en lo que estás escribiendo, probablemente también escribirias más rápido. Esto le ayudará a hacer su trabajo más rápido y a obtener el conocimiento para su trabajo o casi cualquier cosa más rápido.

Aún tendrás la capacidad de realizar múltiples tareas, y la concentración en realidad también ayudará con eso. Si puedes concentrarte en una actividad en particular, es más probable que puedas concentrarte en una variedad de actividades porque tu mente está entrenada para enfocar.

- **¿Qué método de mindfulness es mas efectivo para aumentar la concentración?**

No hay ningún método en particular que lo ayude a concentrarse más que a otros. En su lugar, encontrará que casi cualquiera de estas técnicas le ayudará a concentrarse naturalmente. Aprenderás cómo bloquear el mundo externo, y esto significa que incluso podrás bloquear el mundo externo y dedicarte solo a aquello en lo que estás trabajando. Esto se demuestra , por ejemplo, que cuando usas el mindfulness de la respiración, es efectivo porque te estás concentrando en la sensación física de la respiración y ninguna otra cosa.

Concentrarse en la sensación física es una forma de sumergirse en cualquier cosa que esté haciendo en ese momento. Tomemos la escritura, por ejemplo: si puede sumergir su mente en la sensación de escribir, entonces es probable que siga escribiendo sin distracciones. Podrás observar los pensamientos que te vienen a la mente al escribir, pero no tendrás que interactuar con ellos. En su lugar, simplemente transcribirá los pensamientos que son relevantes al escribirlos, lo que lo ayudará a tener éxito en lo que estaba tratando de escribir.

- **¿Hay alguna otra manera en que la atención ayude a concentrarse mejor?**

Sí, le ayudará a concentrarse eliminando las tensiones internas también de forma natural. Cuando no estás resuelto mental o emocionalmente, entonces no podrás concentrarte en nada que estés haciendo físicamente. Tu mente ni siquiera será capaz de mantener un pensamiento la mayor parte del tiempo, no menos actuando en algo que llevará al éxito.

En su lugar, necesita calmar su estado mental y emocional para poder alcanzar un punto estable que le permita trabajar. A menudo, te ayudará a hacerlo de forma natural, pero hay veces en que puedes usar una técnica para lograr esto de inmediato, incluso si no estás resuelto de manera natural. Simplemente tome una técnica, la que considere más apropiada, y úsela para calmar su estado mental y equilibrar sus energías.

Si realmente te sientes demasiado desequilibrado, practicar y practicar cualquiera de estos métodos de meditación en la naturaleza puede ayudar. La naturaleza es naturalmente calmante y puede actuar como un alivio del estrés. Recuerde que el estrés puede bloquear la concentración, al igual que la ansiedad y la depresión. Por eso nunca debes dejar que tu estado emocional se acumule hasta que esté fuera de control. Maneje todo como venga y encontrará que sus sesiones de atención plena pueden ser más cortas aunque sean un poco más frecuentes.

Esto los hace mucho más efectivos, ayudándole a obtener los beneficios de todo lo que esta práctica tiene para ofrecer. Puede concentrarse en la atención plena de la respiración si desea aclarar sus pensamientos, o puede usar la atención plena de la emoción si algo específico le está molestando, pero la atención plena de la sensación física también puede ayudar, que es donde usted hace un balance de todo lo que está afectando su estado de ánimo. Cuerpo, incluyendo la tensión y los dolores que sientes.

- **¿Te ayudara si practicas esta técnica regularmente?**

Al igual que si practica mindfulness con regularidad para cualquier otro beneficio que pueda ofrecer, descubrirá que practicarla con regularidad también lo ayudará a concentrarse. Se volverá más fácil y más concentrado cuanto más practiques, ya que tu mente es un músculo que puedes ejercitar. La concentración es una de esas cosas que requiere práctica, y su enfoque puede agudizarse con el tiempo. Es por esto que puede ayudarlo a encontrar una solución permanente a los problemas de concentración y concentración, incluso si padece una afección o deficit de atención. Solo recuerde que puede tomar semanas notar una diferencia, pero algunas personas notarán una diferencia en días, todo depende de la persona en general y de cuanto tiempo practique periódicamente.

CAPITULO 8
ALCANZA TUS OBJETIVOS DE PÉRDIDA DE PESO

Todo el mundo tiene metas de pérdida de peso de vez en cuando. Algunas personas quieren perder más peso que otras, y eso está bien. No importa cuánto o poco peso quieras perder, querrás usarlo para alcanzar tus objetivos de pérdida de peso. Hay muchas técnicas diferentes que puede usar para ayudarlo a alcanzar cada meta de pérdida de peso que tenía en el tiempo que deseaba.

- **¿Cómo ayuda el mindfulness con los objetivos de pérdida de peso?**

Se sabe que reduce el estrés, lo que te ayudará a perder peso. Cuando está menos estresado, es menos probable que se sienta ansioso o deprimido. La ansiedad o la depresión también pueden llevar a un aumento de peso, pero incluso si ya está ansioso o deprimido, estas técnicas lo ayudarán. Debe centrarse, y luego podrá ayudar a mejorar su estado de ánimo general y sus niveles de energía. Cuando eres más positivo, tienes más energía en primer lugar.

- **¿Cuánto peso puede ayudar a perder el mindfulness?**

Puede ayudarlo a alcanzar todos sus objetivos de pérdida de peso, y también es excelente para ayudarlo a mantener el peso que desea también. Las técnicas básicas pueden ayudarlo a mantener su peso porque reduce su estrés. Se ha comprobado que el estrés empeora el aumento de peso y el autocontrol, lo que conducirá a una alimentación sin sentido que también hará que subas de peso. Habrá un punto en el que la pérdida de peso disminuirá y parecerá que llegará una meseta cuando esté usando cualquiera de estas técnicas para ayudarlo a perder peso, pero si es paciente, podrá hacerlo para perder más peso siempre y cuando lo estés practicando con un estilo de vida saludable también.

- **¿Qué práctica de atención plena es la mejor para ayudarte a perder peso?**

El mindfulness enfocado a técnicas alimentarias es lo mejor para ayudarlo a perder peso. Muchas personas no se dan cuenta de cuánto están comiendo y muchas personas se sientan y comen una bolsa de papas fritas sin darse cuenta exactamente de lo que han hecho y de cuántas calorías han consumido. Esta es una de las principales razones por las que las personas tienden a ganar peso. La conciencia de comer le ayudará a disfrutar de su comida mientras se asegura de que todo lo que come esté controlado en porciones, incluso las comidas malas.

El Mindfulness de comer es el acto de comer con sus cinco sentidos. Tome un pequeño bocado de comida y llévela con usted, sentándose cómodamente. A continuación, querrá desactivar las distracciones. Asegúrate de desconectar el mundo externo, y la atención consciente de la respiración suele ser la mejor manera de centrarte para no distraerte. Entonces comienza por oler tu comida. Disfruta del aroma de lo que huele la comida. Concéntrese en cómo se siente la comida en sus dedos o cuando se coloca en sus labios.

Mire la comida y tome nota de lo apetitosa que es la comida para usted. Si hay algún sonido, trate de apreciar ese sonido como si una bolsa se estuviera arrugando, y luego, una vez que haya apreciado la comida, tómela un poco.

No importa qué tan pequeña sea la pieza de comida, trate de hacer al menos dos bocados. Saborea la comida, masticando lentamente. Come solo unos cuantos bocados a la vez, y deberías sentirte más satisfecho que si estuvieras comiendo sin pensar. Concéntrese en cómo el sabor perdura en su lengua al transitar nuevamente a la respiración, y luego abra los ojos para regresar a su día. Si practica la conciencia de comer, es mucho menos probable que coma sin pensar para ganar peso y disfrutar un poco más de su comida. Básicamente es estar consciente de todo el proceso que involucra el comer, para realmente dejar de automatizar ese proceso y al estar consciente y en el momento entender que es lo que le estamos dando al cuerpo.

- **Entonces, ¿necesitas usar una dieta adecuada y hacer ejercicio, o es suficiente con practicar el mindfulness?**

Es una excelente manera de obtener una ventaja en sus objetivos de pérdida de peso, pero no es suficiente para ayudarlo a perder todo el peso que desea. Puede perder unos cuantos kilos con esta técnica por sí sola, pero nunca perderá mucho sin la dieta y el ejercicio adecuados. Recuerde que el ejercicio ayudará a aumentar su metabolismo, haciendo que todos sus esfuerzos para perder peso sean mucho más efectivos. Queme las calorías que come, incluso cuando esté usando la atención plena de las prácticas alimentarias. Una dieta adecuada también es necesaria porque no perderá peso si está comiendo alimentos que son malos para usted, e incluso si lo hace reduciendo la cantidad que consume, no será una pérdida de peso sostenible por sí sola. .

- **¿Verá resultados rápidamente o le llevará un tiempo intentar perder peso con atención plena?**

Lamentablemente, la pérdida de peso real llevará tiempo, al igual que cualquier otro método de pérdida de peso. Sin embargo, debes notar que te sientes mucho más satisfecho después de usar la conciencia de comer, y es más probable que aprecies un poco más tu comida. Esto significará que no tendrá que comer tanto para sentirse satisfecho. Incluso notará que está más lleno cuando está lleno, lo que le ayudará a dejar de comer cuando esté lleno en lugar de seguir comiendo porque no se está dando tiempo para sentir completamente los efectos de la comida en su estómago .

Si comes demasiado rápido, está comprobado que es probable que comas demasiado. Puede practicar el mindfulness de comer en cualquier momento que desee, y algunas personas incluso practican una versión durante cada comida. Solo asegúrate de no comer con distracción porque te sacará de tu ejercicio y negará los efectos positivos que obtendrás de él.

Esta es la razón por la cual comer en una habitación solo o al menos en una mesa sin distracciones, como la televisión o la computadora, generalmente se recomienda cuando está tratando de perder peso. No importa si hace ejercicio antes de estar atento a comer, pero muchas personas prefieren hacer ejercicio después para quemar las calorías. La positividad también tenderá a darle más energía para su rutina de ejercicios.

CAPITULO 9
AYUDA A TU SUEÑO Y ANHELOS

Todo el mundo sabe que dormir es extremadamente importante, y los sueños también son importantes. Se sentirá más positivo cuando duerma lo suficiente y haya tenido sueños positivos. Por suerte, si eres más positivo en general, los sueños positivos también se harán realidad. Experimentar el ciclo de sus sueños lo ayudará a sentirse más descansado en la noche, siempre y cuando sean sueños positivos, y la cantidad de sueño que obtenga afectará cada faceta de su vida. Si está demasiado cansado, es mucho más probable que le vaya mal en el trabajo, la escuela o incluso en eventos sociales. La negatividad puede depender de tu energía si no duermes lo suficiente, y no dormir puede llevar a una variedad de problemas médicos también.

- **¿Cuál es la importancia de dormir y de soñar?**

Como se mencionó anteriormente, uno de los principales beneficios de dormir y soñar lo suficiente es que podrás actuar de manera más positiva y ver el mundo de una manera más positiva. Dormir mejor también ayudará a aliviar el dolor crónico, mejorar la salud del corazón y disuadir problemas graves de salud como ataques cardíacos, obesidad y diabetes. Si duerme lo suficiente, también es menos probable que se lesione, y esto se debe a que la falta de sueño puede causar muchos desastres, incluidos accidentes automovilísticos.

Aumentará tu estado de ánimo general y tu positividad, lo que te ayudará a ser más productivo y alcanzar los objetivos que te propongas, y te ayudará a mantener tu peso bajo control. El sueño y los buenos sueños disminuyen el estrés, que también es necesario para las interacciones positivas. También puedes tomar mejores decisiones cuando duermes porque tienes una mente más clara y eres conocido por ser menos irracional. Sin mencionar que puede mejorar su sistema inmunológico, así como su memoria.

- **¿Cómo ayuda a tu sueño y tus sueños?**

Quizás se esté preguntando cómo esta forma de meditación lo ayudará a soñar mejor y mejorar el sueño en general, y una de las formas principales es que elimina todo lo que lo está estresando hasta el punto de no poder dormir. Con estas prácticas, aprenderá cómo eliminar estos factores de estrés internamente e incluso puede ayudar a aliviar sus dolores y molestias. Por ejemplo, una de las razones principales por las que las personas tienen problemas para dormir es que un problema que enfrentan es estresarlos.

También se sabe que te ayuda con claridad y querrás probar la respiración consciente para relajarte también. La claridad que obtenga de estas prácticas lo ayudará a poner sus problemas en perspectiva. Por supuesto, también encontrará que hay una relajación muscular progresiva que puede usar cuando está usando estas técnicas, y eso también lo ayudará a conciliar el sueño, ya que los dolores pueden continuar.

Si te sientes enojado con una persona en particular, también puedes usar el mindfulness de las emociones para ayudar. La versión de mindfulness que ayuda con el perdón también es mejor si estás tratando de hacerte perdonar a alguien para que deje de afectar tu sueño y tus sueños. Si tiene demasiadas pesadillas, generalmente se recomienda tener conciencia de respirar antes de acostarse por razones de ansiedad.

- **¿Cuál es el mejor ejercicio para ayudarte a dormir?**

Como se indicó anteriormente, el mindfulness de la respiración y el mindfulness de las emociones también lo ayudarán a conciliar el sueño. Sin embargo, encontrará que la atención plena de la sensación física es extremadamente útil cuando está tratando de conciliar el sueño. Necesitará al menos quince minutos para hacerlo, pero el proceso es bastante sencillo. Simplemente comienza cerrando los ojos después de haber encontrado una posición cómoda para sentarte o recostarte.

Al principio, concentre toda su atención en el mindfulness de la respiración y experimente la respiración. Debería sentirse manejando cada una de sus respiraciones como si estuviera montando olas y prestar atención a cómo se mueve a través de su cuerpo. Después, querrá cambiar su conciencia a la sensación de estar sentado. Preste mucha atención a cómo se siente al sentarse contra la silla. Observe todas las partes que están en contacto con la silla. Intenta sumergirte en ese sentimiento y permítete simplemente existir en ese momento.

Luego, comience a hacer un balance de su cuerpo y permítase expandir su conciencia a su cuerpo como un todo. Reconozca si hay una brisa en sus brazos, si siente frío o incluso si tiene dolores o molestias en el cuerpo. Observe si está experimentando sed o hambre. Asegúrate de hacer un balance de todas las sensaciones físicas que estás sintiendo.

Recuerde que nunca debe juzgar ninguna experiencia, al igual que usted no juzgaría ninguna emoción. Tampoco quiere etiquetar ninguna sensación porque esto lo sacará de su conciencia física y no debe buscar una sensación. No se pregunte si tiene hambre, sino que simplemente tome nota de ello si lo nota cuando expande su conciencia.

Permítase sentir todo eso, y una vez que sienta que se ha sumergido por completo en la sensación física por un momento, intente cambiar su atención de nuevo a cómo se siente que su cuerpo haga contacto con la silla. Luego, cambia a cómo se siente respirar. Permítase sentir eso una vez más por unos momentos antes de abrir los ojos.

- **¿Hay un mejor momento para practicar el mindfulness de la sensación física para mejorar el sueño?**

Sí, el mejor momento para practicar el mindfulness de la sensación física es justo antes de irse a la cama. Esto te ayudará a relajarte justo antes de acostarte y te ayudará a liberar cualquier tensión que puedas tener. Esto debería permitir que te quedes dormido sin que nada te moleste, consciente o inconscientemente. Por supuesto, otros ejercicios también se pueden realizar durante el día y justo antes de acostarse para ayudarlo a dormir mejor y también a soñar.

CAPITULO 10
SIEMPRE TEN EN CUENTA ESTOS CONSEJOS Y TRUCOS

Tengo algunos consejos y trucos relacionados con el mindfulness que puede aplicar si tiene problemas, ya que le ayudará a integrarse en el proceso, así como a comprender la atención plena en su totalidad. Una vez que haya dominado la atención plena de la respiración, todo lo demás debería ser un poco más natural, pero eso no lo hace muy natural.

- **Evitar las joyas:**

Puede parecer extraño al principio, pero generalmente es mejor que evites las joyas si estás tratando de practicar alguna de estas técnicas conscientes. Esto se debe a que las joyas distraen. Es brillante si tiene los ojos abiertos, pesados, jingles, y a veces puede pellizcar. Es más probable que esto lo haga consciente y lo mantenga al tanto del mundo físico que lo rodea cuando está tratando de expresar sus pensamientos en otro lugar para poder practicar una técnica. Puedes quitarte temporalmente estas joyas, pero es mejor si no tienes distracciones cuando comienzas.

- **Evite la ropa incómoda:**

La ropa incómoda debe evitarse por la misma razón por la que querría evitar las joyas cuando intente practicar alguna de estas técnicas. Esto se debe a que cualquiera de estas prácticas y técnicas requieren concentración en un aspecto específico de lo que está sintiendo, experimentando o haciendo. No querrás distraerte con algo que te está apretando, demasiado apretado o que te hace sentir asfixiado. Los pantalones de yoga son realmente recomendados, pero cualquier cosa en la que te sientas cómodo te servirá. Quítese cosas como cinturones o zapatos incómodos antes de comenzar cualquier ejercicio o técnica.

- **Practica una técnica a la vez:**

No trates de pasar a otras técnicas de atención plena a menos que realmente hayas dominado la atención plena de la respiración. La atención plena de la respiración es como su base que lo ayudará a desarrollar su conocimiento de la atención plena, y lo ayudará a practicarlo correctamente. Luego puede pasar a otra técnica, pero nunca intente realmente aprender más de una a la vez. Eventualmente, deberías conocer todas las técnicas que desees, pero descubrirás que lleva tiempo si no quieres abrumarte.

- **Trate de evitar la luz:**

A menos que una técnica de atención plena requiera que veas algo, generalmente es mejor practicar en una habitación oscura. Esto se debe a que incluso cuando tus ojos están cerrados, verás un tinte rojo en tus párpados a medida que la luz trata de filtrarse. Es más fácil para usted concentrarse internamente si no se distrae con la iluminación. Por supuesto, se recomiendan cortinas opacas.

Puedes practicar esta forma de meditación a la luz del sol, especialmente si quieres practicar afuera, pero no es recomendable si eres un principiante. Si desea practicar afuera, intente practicar en la sombra, donde es menos probable que cambie la iluminación que está viendo desde detrás de sus ojos debido a la cobertura de nubes u otras sombras que parpadean a través de la luz que se proyecta sobre usted.

- **Recuerde no juzgar:**

Parte de estar atento es vivir el momento sin juzgarlo, y eso puede ser muy difícil de dominar. Está dentro de la naturaleza humana juzgar y etiquetar las cosas, incluidos nosotros mismos y lo que sentimos y experimentamos. Si realmente estás experimentando el presente, no te permitas matizar la experiencia con tus juicios. Esta es la razón por la que debes tratar de no juzgar lo que sientes, especialmente si estás practicando la atención plena de pensamientos o emociones. A juzgar puede arruinar todo el asunto. Más tarde, puede reflexionar sobre su experiencia, y este es el momento que le permitirá etiquetar cualquier cosa que desee, pero aún así debe intentar evitar etiquetar cualquier cosa de manera negativa.

- **Deshacerse de la negatividad como viene:**

Es más difícil ser consciente y positivo si dejas que la negatividad se acumule dentro de ti o alrededor de ti. Es por eso que parte de ser consciente con éxito es hacerlo regularmente. Si experimentas negatividad en tus emociones, te sientes deprimido por alguna razón desconocida, tienes problemas para dormir, experimentas pesadillas o cualquier otra cosa que esté causando negatividad, practica la atención plena para que puedas dejarlo pasar. Dejarlo ir es importante, ya que le ayuda a reequilibrarse, lo que mejora su positividad y reduce el estrés en su vida en general.

- **No te sientas frustrado:**

Debes intentarlo y no sentirte frustrado, incluso si estás teniendo dificultades para ser consciente. Esto se debe a que esta es una práctica de mediación que es difícil para muchas personas y no se puede esperar que sea algo natural. Experimentar la verdadera atención plena requerirá paciencia y práctica, por lo que debe tener tiempo para dedicarse a ello. No verá beneficios inmediatos, al menos no drásticos, pero experimentará estos beneficios si practica estos métodos de manera diligente y exitosa. Sin embargo, si te frustras, estás permitiendo que la negatividad y el estrés entren en tu ser y en tu vida. Esto te impedirá ser consciente con éxito. Así que apégate a ella, y sé paciente.

- **Hacer una rutina:**

Es importante que intentes hacer una rutina de cualquiera de estas prácticas. Esto lo ayudará a ponerse el cinturón de seguridad y practicar lo que necesita para que tenga éxito. Por lo general, lo mejor es practicar la atención plena al menos una vez al día, y si se reserva un tiempo para ello en primer lugar, es más probable que se quede con él. Esto le permitirá desarrollar la diligencia que necesita para disminuir su estrés y abrirse a los beneficios que son amigables para usted.

No hay un momento del día en el que tengas que practicar la atención plena, pero trata de hacerlo al menos por la mañana o por la noche. Estos son los dos momentos más exitosos para practicar la atención plena sin interrupción. Solo asegúrate de estar lo suficientemente despierto si decides hacerlo por la mañana, ya que está destinado a relajarte lo suficiente para que puedas comenzar tu día con un pie positivo. Lamentablemente, esto significa que corre el riesgo de quedarse dormido. Esta es la razón por la que muchas personas optan por practicarlo por la noche, especialmente si tienen problemas para dormir.

ACERCA DEL AUTOR

A modo de concluir con este libro y agradecerte por tomarte el tiempo de leerlo, quería aclarar algunas cosas antes de culminar. Muchas personas han probado el Mindfulness, algunos con éxito otros con resultados moderados, pero todos con resultados en fin, lo importante es que tengas en mente que dos personas nunca van a responder de igual manera al proceso, es por esto que te recomiendo que siempre escuches a tu cuerpo, ve las señales que te envía, si te ves en una situación en la cual te sientes débil no solo en lo que respecta a tu cuerpo sino también anímicamente hablando, solo date un respiro, suspende por unos días y vuelve a comenzar, si vez que esto es recurrente solo cambia de método.

Pero bueno no se obtienen resultados solo hablando así que, está bueno que hayas tomado la decisión de comenzar con el Mindfulness, y comprar este libro fue el primer paso, pero en este momento quiero que te motives y tomas acción masiva hacia tu objetivo ya sea liberar tu mente, dejar de lado el estrés, perder peso, vivir mejor y en paz, etc., el mindfulness no es una caminata, es una carrera y debes llegar hacia el final y como toda carrera te tienes que preparar de a poco para llegar al final, no te lanzas de una a correr sin ninguna intención ni ningún objetivo en la cabeza.

Por ultimo quisiera pedirte que si encontraste en este libro una gran ayuda, me gustaría saber tus comentarios dejándome una review de este libro para poder mejorarlo y continuar brindando grandes libros a ustedes, mis lectores, a los cuales aprecio mucho.

Sin más, me despido
Un abrazo grande
María Palazzi

www.ingramcontent.com/pod-product-compliance
Lightning Source LLC
Chambersburg PA
CBHW021452070526
44577CB00002B/367